# Joseph CANTELOUBE
## (1879 - 1957)

## POÈME

pour violon & orchestre

*transcription pour violon & piano par l'auteur*

DURAND

*A André Asselin*

# POÈME
## pour Violon et Orchestre

Joseph CANTELOUBE
*(1938)*

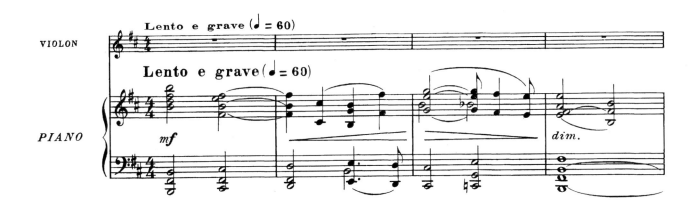

© 1939 Éditions DURAND
Paris. France

D. & F. 12,960

4

D. & F. 12,960

# Joseph CANTELOUBE

# POÈME

pour violon & orchestre

*transcription pour violon & piano par l'auteur*

**violon**

DURAND

*A André Asselin*

# POÈME
pour Violon et Orchestre

**VIOLON**

Joseph CANTELOUBE
*(1938)*

D. & F. 12.960

*Tous droits réservés
pour tous pays.*

6

D. & F. 12,960

14

20